pele Saudável

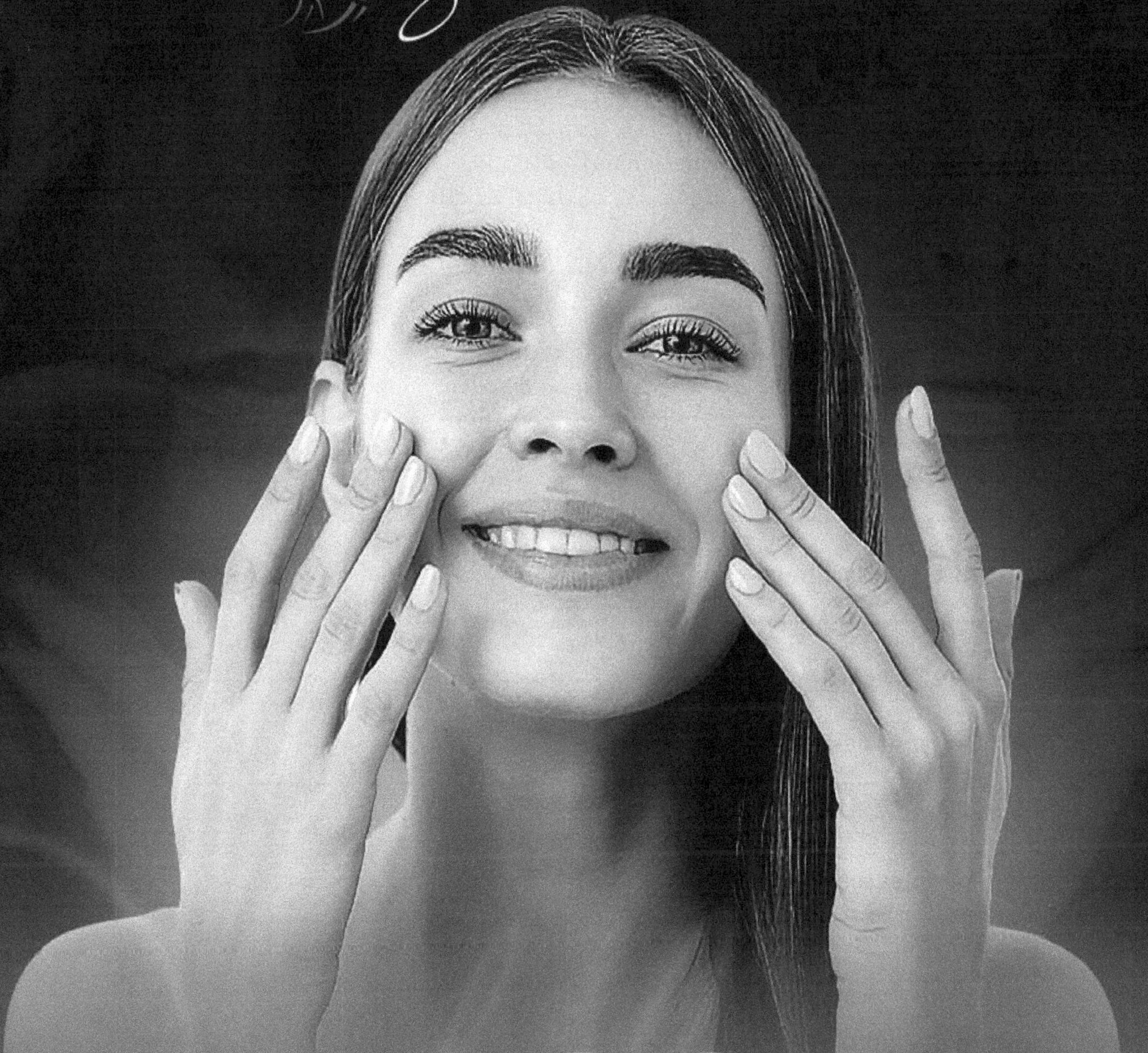

E-BOOK

Para cuidados da pele

Sumário

Introdução.. 06

Capítulo 1: Como e Por que a pele envelhece..08

- Envelhecimento intrínseco (interno) 09
- Extrínseco (externo) envelhecimento 10
- Exercícios faciais..10
- Fumantes...10

Capítulo 2: Conheça seu tipo de pele..12

Capítulo 3: Tratar a pele oleosa..16

Capítulo 4: Tratar a pele seca..22

- Xerose...23
- Causas da pele seca..23
- Clima..24
- Pacientes sob medicação..25
- Doença genética...25

Capítulo 5: Duplo Whammy – Pele mista...27

- Hidratantes para pele mista..28

Capítulo 6: Como proteger a pele...31

- Câncer de pele..32

- Raios UV... 33

Capítulo 7: O sol e sua pele..34

- Usar tecido de proteção..35
- Minimizar a exposição desnecessária..36
- Sopa Mágica 37
- Proteger a pele do sol...38

Capítulo 8: Pele Cremes e Rugas...41

Capítulo 9: Boa Nutrição e sua tez..45

Capítulo 10: Como Os radicais livres danificam as células da pele...............49

- Proibido Fumar.. 50
- As partículas inorgânicas..50
- Gases...51
- Antioxidantes..51
- Conclusão...52

Capítulo 11: A vitamina C e sua pele..53

- A vitamina C e melanogénese..54
- Vitamina C e proteção do sol..54
- A vitamina C e o seu papel na síntese de colágeno....................54
- Produtos L-ascórbico para a pele 55

Capítulo 12: Dermoabrasão para sua pele..58

- A cor da pele.. 60
- A condição da pele..60

Capítulo 13: Peeling para você?...62

Capítulo 14: Cuidados com a pele..65

- Vitaminas e minerais..67
- Água..67
- Exercícios..67
- Descansar...67

Capítulo 15: Facelifts e outros procedimentos de pele.........................68

- Obagi Nu-Derm.. 69
- Theraderm..69
- Peelings químicos..70
- BOTOX..70
- Restylane..70
- Collagen..70
- Procedimentos de luz..70

Conclusão..72

© Copyright – Todos os direitos reservados.

De nenhuma forma é legal reproduzir, duplicar ou transmitir qualquer parte deste documento, tanto em meios eletrônicos como impressos. A gravação desta publicação é estritamente proibida e não é permitido qualquer armazenamento deste documento, a menos que haja permissão por escrito por parte do editor. Todos os direitos reservados. As informações contidas neste documento são declaradas como verdadeiras e consistentes, sendo que qualquer responsabilidade em termos de desatenção ou de outro motivo, por qualquer uso ou abuso de quaisquer políticas, processos ou instruções aqui contidos é de responsabilidade única e exclusiva do leitor. Sob nenhuma circunstância, qualquer responsabilidade legal ou culpa será imposta ao editor, referente a qualquer tipo de reparação, dano ou perda monetária causados por informações aqui contidas, direta ou indiretamente. Os respectivos autores são os proprietários de todos os direitos não detidos pelo editor.

Aviso Legal:

Este livro é protegido por direitos autorais, sendo exclusivamente destinado para uso pessoal. Você não pode alterar, distribuir, vender, usar, citar ou parafrasear qualquer parte ou o conteúdo deste livro sem o consentimento do autor ou do proprietário dos direitos autorais. Ações legais serão tomadas em caso de violação.

Isenção de Responsabilidade

Observe que as informações contidas neste documento são exclusivamente destinadas a fins educacionais e de entretenimento. Todos os esforços possíveis foram realizados para fornecer informações completas, precisas, atualizadas e confiáveis. Nenhuma garantia de qualquer tipo está expressa ou implícita. Os leitores reconhecem que o autor não está envolvido na prestação de aconselhamento jurídico, financeiro, médico ou profissional. Ao ler este documento, o leitor concorda que, sob nenhuma circunstância, sejamos responsáveis por quaisquer prejuízos, diretos ou indiretos, incorridos como resultado do uso das informações contidas neste documento, incluindo, mas não se limitando a erros, omissões ou imprecisões.

Sobre o Autor

AVANTE EDITORIAL é um empreendedor residente no BRASIL, que adora compartilhar conhecimento e ajudar outras pessoas no tópico referente a SAÚDE E BELEZA.

AVANTE EDITORIAL é uma pessoa dedicada, que sempre se esforça ao máximo para ir além. Palavras De Sabedoria de AVANTE EDITORIAL:

"Eu acredito que não há segredos para se tornar bem-sucedido na vida. E eu realmente acredito que o resultado do verdadeiro sucesso na vida é proveniente do trabalho duro, da preparação e, o mais importante de tudo, do aprendizado através das falhas."

Introdução

Acredite, tenho 46 anos, não uso base e nem pó compacto, tudo porque tenho a pele perfeita, cuido dela desde meus 25 anos, sigo à risca meus segredos que revelo nesse e-book. Siga corretamente as instruções e não deixe de fazer uma avaliação com seu dermatologista antes.

Meu segredo revelado de uma pele 10 anos mais jovem e tudo com produtos de fácil acesso!

Você vai amar os resultados, pele rejuvenescida, lisa, sem manchas e iluminada!

Fique linda você também, confira:

Nota:

Tudo o que posso dar aqui são dicas e apontar caminhos.

Não receito remédios nem planejo tratamentos, apenas compartilho informações e procuro trazer à superfície informações pouco difundidas que podem facilitar a vida de muitas pessoas que passam por diversos problemas e que podem ser auxiliadas e até mesmo curadas seguindo dicas simples e baratas.

Nunca abandone nenhum tratamento prescrito por um profissional gabaritado. Tudo o que for fazer, informe seu médico/farmacêutico. E claro, sempre peça uma segunda opinião.

Uma dica muito importante: Comece a cuidar de seu rosto a partir dos 25 anos de idade, para retardar o envelhecimento, ou seja, você irá trabalhar com a prevenção e obter melhores resultados.

Por enquanto pode-se lembrar, tem sido a busca de muitos para manter sua aparência jovem, mesmo com grandes custos.

E hoje em dia, a tendência não mudou. Agora mais do que nunca, métodos, técnicas e tratamentos destinados a manter esse "brilho juvenil" proliferam por toda parte.

Os anti-envelhecimentos são responsáveis por milhares de milhões de dólares gastos na esperança de retardar o aparecimento do envelhecimento da pele. Infelizmente, muitos estão mal informados sobre como e por que a pele envelhece, induzindo essas mesmas pessoas a comprarem produtos que oferecem apenas resultados de curta duração. E, portanto, é bom saber o quão a pele se desenvolve ao longo do tempo.

Em compreender os comos e os porquês de envelhecimento da pele, os hábitos e tratamentos corretos podem então ser desenvolvidos para manter a aparência jovem, o mais tempo possível.

Primeiro, existem dois tipos de envelhecimento para a pele:
Um é o envelhecimento intrínseco (interna), que é provocada por factores dentro do próprio corpo, tais como genes e condição corporal;

E extrínseca, envelhecimento (externo), o qual é causado por factores externos de um corpo, tais como a luz solar e estilo de vida.

Envelhecimento intrínseco (interno)

O envelhecimento é um processo natural e os nossos genes determinam como uma pessoa passa por esse processo.

Para alguns, o envelhecimento pode configurar em mais cedo ou mais tarde do que a maioria. Em média, os sinais de envelhecimento da pele começam a aparecer em meados dos 20 anos.

Como se envelhece, a capacidade de elasticidade começa a diminuir. Isso ocorre porque as células da pele não se regeneram mais rápido que eles costumavam - resultando a pele mais dura, mais velha.

Embora o envelhecimento interno começa aos 20 anos, os sinais típicos de rugas e flacidez da pele não aparecem até cerca dos 30 anos ou um pouco mais.

Outros sinais que indicam o envelhecimento da pele são desbaste, perda de firmeza, secura, e redução da produção de suor que impede um arrefecimento adequado do corpo.

Extrínseco (externo) envelhecimento

Fatores externos os próprios genes aceleraram o envelhecimento da pele. Estilo de Vida, exposição ao sol e maus hábitos, tornando o envelhecimento precoce da pele.

Com a atual condição da nossa atmosfera, os raios nocivos do sol passam através da camada em mais quantidades que o normal, causando danos à pele e prejudicando sua capacidade de se reparar.

Durante um período de tempo, alguns minutos por dia de exposição aos raios ultravioletas resulta em alterações na pele (sardas, manchas senis, pele áspera). Um sintoma ainda mais grave seria o aparecimento de câncer de pele.

Dermatologistas chama esse efeito de envelhecimento em referência aos raios do sol que reduzem colágeno, responsável por manter a elasticidade da pele.

Susceptibilidade ao foto envelhecimento é determinada pela quantidade de pigmento na pele, bem como a frequência e duração que passa sob os raios do sol.

Diante destes fatores, os indivíduos de pele clara e aqueles que passam longos períodos sob o sol, tendem a ter efeitos mais pronunciados do foto envelhecimento, quando comparada àqueles que são de pele escura e passam mais tempo na sombra.

Exercícios faciais

Ironicamente, a rotina prescrita para prevenir rugas faciais é realmente uma das causas de que se pretende evitar, exercícios faciais causam nos músculos da face dobras e vincos na pele.

Como a elasticidade da pele diminui, a pele começa a assumir os vincos causando mais rugas permanentes e profundas no rosto.

Fumantes

O tabagismo não só causa danos ao corpo internamente, mas externamente também. Isso é mais evidenciado com a condição da pele. consumo de nicotina provoca alterações no organismo que acelera a quebra das células da pele, entre outros efeitos nocivos.

É comum que as pessoas fumantes por pelo menos uma década, se comparam mais velhos do que aqueles que não fumam. Além de rugas, descoloração amarelada da pele tem sido observado em fumantes.

No entanto, a boa notícia é que aqueles que desistiram de fumar mostram melhorias em sua condição da pele logo após parar de fumar.

O SEGREDO PARA
Ter uma pele perfeita

Os sinais de envelhecimento da pele, inevitavelmente aparece em todos em um ponto ou outro.

Todos os tipos de produtos e tratamentos podem ser aproveitados, mas serve apenas para retardar os sintomas externos.

Talvez a melhor solução é entender o processo de envelhecimento e não vê-lo como uma doença, mas sim vê-lo como um outro estágio de desenvolvimento que o corpo sofre.

CAPÍTULO 02

Conheça o seu tipo de **pele**

O SEGREDO PARA Ter uma pele perfeita

Como é com tudo o mais, sabendo a condição das diferentes partes do seu corpo, é o primeiro passo para cuidar dele. Pele não é diferente. Conhecendo o seu tipo de pele é o princípio de dar a sua pele o tratamento adequado para manter o bom tom de pele.

Seu tipo de pele é uma descrição geral de como sua pele se sente e se comporta. Os tipos mais comuns usados para produtos comerciais são normais, oleosas, secas e pele mista.

Outras categorias incluem defeito-propensa, sensível e pele danificada pelo sol.

Conveniente como estas categorias de tipo de pele são na escolha de produtos, não é exatamente a melhor maneira de conhecer e compreender a sua pele em um nível que realmente vai ajudá-la.

Esta é talvez a razão pela qual, mesmo que os produtos "certos" têm sido utilizados para o seu tipo de pele, você ainda vai enfrentar uma secura, oleosidade, acne e outros problemas.

Porque isto é assim? Primeiro de tudo, você tem que lembrar, como qualquer parte de seu corpo, sua pele nunca é a mesma em toda parte.

Ela passa por todos os tipos de condições, dependendo de vários fatores, alguns dos quais incluem os seus genes, o seu estilo de vida e hábitos.

Adicione a isso o fato de que os problemas que você está enfrentando pode não ser simplesmente o resultado da falta de cuidados. Há casos em que doenças de pele são as razões.

Então, de agora em diante, vai ser bom para você esquecer o que as belas revistas, vendedores de cosméticos e esteticistas, informam sobre os quatro tipos de pele.

É hora de você ir abaixo da superfície e realmente saber o que sua pele necessita.

Em primeiro lugar, conhecer os fatores que influenciam o seu tipo de pele. Isso pode ficar complicado, já que quase tudo pode influenciar a sua pele e condição em que está. Só de olhar e sentir o seu rosto não é suficiente para determinar o seu tipo de pele. Para se ter uma avaliação eficaz da sua pele.

Considere o seguinte. O primeiro conjunto de fatores que afetam a pele são aqueles dentro do seu próprio corpo. alterações hormonais provocadas pelo desenvolvimento do seu corpo influenciam a sua pele a enorme extensão . Para as mulheres, o ciclo menstrual pode causar mudanças drásticas na pele. O mesmo vale para períodos de gravidez e menopausa.

O SEGREDO PARA Ter uma pele perfeita

Os homens também estão sujeitos a essas influências, especialmente na fase da puberdade os hormônios fazem com que o organismo se desenvolva. Seus genes também influenciam a propensão a adquirir uma certa condição da pele que é característica dos próprios tipos de peles de seus pais.

No entanto, como sua pele também é influenciada por diversos fatores, sua pele e a deles pode não ser necessariamente a mesma.

Estilos de vida e hábitos também afetam sua pele e podem parecer externo ao seu corpo, a maneira como você realiza atividades diárias, tais como dieta, exercício físico, tabagismo e hábitos de consumo influenciam o seu corpo e, portanto, sua pele também.

Outras influências que afetam sua pele, tais como tempo e clima, bem como seu regime de cuidados da pele.

Climas frios tendem a fazer com que a pele fique seca e descamação onde áreas húmidas, provocam a transpiração excessiva e produção de óleo.

Os produtos de cuidados da pele você também tem que escolher sem afetar a sua condição da pele. Usando cremes ou hidratantes que têm muito emolientes fará com que sua pele fique muito oleosa, enquanto produtos de limpeza fortes e muita esfoliação, podem resultar em pele seca, sensível.

Agora que você sabe o que influencia a sua pele, é hora de saber em que condições se encontra.

Primeiro de tudo, nunca avalie sua pele logo após ter lavado o seu rosto. Isto é porque sua pele está reagindo à água e produtos de limpeza que você coloca nela.

Espere de quatro a cinco horas depois de ter lavado. Isto dará a sua pele tempo para se recuperar da limpeza e permitir que ela possa retomar a sua atividade "normal". Além disso, tente fazer isso em um dia que você não use nenhuma maquiagem ou coloque cremes, assim uma avaliação mais precisa pode ser feita.

Pegue um pedaço de tecido facial e pressione-o em diferentes áreas de seu rosto. Segure o tecido contra a luz e se manchas puderem ser vistas, então você tem pele oleosa.

Esta é a razão pela qual você deve realizar esta avaliação quando você não está usando maquiagem ou cremes hidratantes, vez que o óleo pode ser causado por essas substâncias.

Se a área geral de seu rosto aparece seca e pode ver manchas de flocos de pele, então você está lidando com a pele seca.

Por outro lado, se você observar que algumas áreas são ambos seca e oleosa, então você tem a pele mista.

Agora que você sabe o grau de oleosidade ou secura que sua pele tem, você precisa saber se deve ou não a sua pele estar sofrendo de algum tipo de doença de pele.

Existem áreas de vermelhidão em torno de seu nariz e bochechas com inchaços vermelhos e manchas, mas não são espinhas?

Você vê as linhas finas dos capilares na superfície que são sensíveis ao toque? Se sim, você pode ter rosácea.

Pele irritada, seca, vermelha, para escamosa branca e pele crocante em torno da linha do cabelo, nariz, olhos e bochechas, pode ser causadas por uma doença de pele chamada psoríase.

Em ambos os casos, você terá que consultar um dermatologista. Com estas avaliações, você desenvolve uma rotina mais eficaz de cuidados da pele que irá ajudar a manter a saúde de sua pele.

Mas lembre-se de que o seu tipo de pele não permanecerá constante por muito tempo, mesmo com a escolha e a utilização de produtos corretos. Como o seu próprio corpo sofre desenvolvimento, o seu tipo de pele vai mudar também.

É recomendável que você execute esta simples avaliação a cada 4 ou 6 meses.

Com a devida atenção e cuidado, você pode dar-lhe a pele o tratamento certo quando e como ela precisa.

pele Saudável

CAPÍTULO 03

TRATAR A PELE OLEOSA

O SEGREDO PARA Ter uma pele perfeita

Se um adolescente ou um adulto, a pele oleosa tem sido a ruína de muitas pessoas. Ninguém gosta desse sentimento gorduroso e a sujeira que se acumula em seu rosto, para não mencionar o brilho que faz você se assustar com a ideia de fotografia com flash.

Mas há uma solução para este problema e que é mais simples e surpreendentemente suave do que você imagina.

Primeiro de tudo, você precisa saber o que faz com que a pele oleosa ative as glândulas sebáceas em excesso, que produzem a substância, sebo (um lubrificante natural da pele e hidratante).

Como muito sebo se acumula, torna-se grossa e pesada na textura. Pele muito oleosa se torna a base de brilho excessivo, espinhas e manchas.

Mas enquanto há um lado negativo a esta condição, existe uma boa também.

Pele com glândulas sebáceas ativas tende a ser menos provável o aparecimento de rugas e outros sinais de envelhecimento em comparação com outros tipos de pele.

Isso ocorre porque o óleo mantém mais umidade na pele tornando-a mais macia e elástica, portanto, há menos rugas. Mas se não tratada, este tipo de pele leva à obstrução dos poros, cravos, e acúmulo de células mortas, tornando difícil ter uma pele saudável, claro. Ela também provoca uma tez pálida de aparência e faz ter grandes poros visíveis.

Por enquanto, não há nenhuma solução rápida para tratar com sucesso a pele oleosa. A paciência é a melhor ferramenta, desde que você entenda que não é um problema de superfície mas que está dentro de seu corpo.

Pode demorar um pouco para alcançar o desejado e em alguns casos pode realmente precisar de atenção médica, profissional.

E na maioria dos casos, a condição é simplesmente colocar sob controle e nunca totalmente resolvido. Mesmo assim, a pele vai melhorar a sua condição e o objetivo de não ter a pele muito brilhante, gordurosa, vai estar mais perto do que nunca.

Primeira coisa a fazer no tratamento da pele oleosa é livrar-se do excesso de sebo em seu rosto, sem secagem total da sua pele.

O SEGREDO PARA ter uma pele perfeita

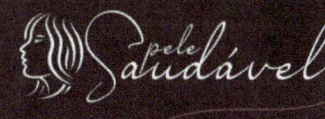

Demasiada lavagem e "desengorduramento" pode realmente piorar as coisas, desde descamar sua pele e fará com que suas glândulas de óleo trabalhem horas extras em produzir mais sebo.

O método correto e equilibrado para limpar a pele, é com um sabonete suave ou umectante. Ele não deve conter óleos ou outras substâncias "gordurosas" que podem aumentar a condição oleosa que você já tem.

Meu primeiro segredo:

O Sabonete em Barra Dermotivin Original é um produto adequado para a limpeza da pele mista ou oleosa. Promove limpeza da pele, desobstruindo os poros, eliminando a oleosidade e o excesso de brilho.

É composto por sulfonato olefínico de sódio e lauril éter, tensoativos com poder detergente que formam micelas.

As micelas são estruturas esféricas que envolvem as partículas de sujeiras e oleosidade em seu interior, evitando a deposição sobre a superfície que está sendo limpa. Faz uma renovação celular e aumenta o colágeno.

O SEGREDO PARA Ter uma pele perfeita

Custa bem em conta e é maravilhoso mesmo, indicado pelos melhores dermatologistas do mercado, sempre marque uma avaliação antes de usar para saber se você não é alérgica ao produto.

Este tipo de produto remove a sensação gordurosa de muito sebo e limpa a sujeira da superfície que se acumulou por causa do óleo.

Alguns produtos contêm pequenas quantidades de AHA (ácidos alfa hidroxi) que suavemente remove as células mortas da superfície, expondo uma camada fresca de pele.

Use isso em uma base regular para obter os resultados pretendidos. Seguir-se com um hidratante gel (não há cremes e óleos, de preferência um à base de água) de modo a que apenas os efeitos de secagem do produto de limpeza pode ser compensada.

Use um diário adstringente ou um tônico suave para limpar o excesso de oleosidade no rosto.

Meu segredo revelado:

A Loção Bia (Loção Beatriz) é uma grande aposta para os cuidados diários que a pele necessita, isso porque controla a oleosidade, promove leve ação esfoliante, estimula a renovação celular e ainda assegura maciez, hidratação e uma deliciosa sensação de frescor para a pele.

É uma fórmula muito indicado pelos dermatologistas e esteticistas, devido a sua associação especial de ativos, que agem promovendo a limpeza profunda da pele, além de assegurar hidratação, maciez e controle da oleosidade da pele.

Evite os produtos mais fortes à base de álcool. Mesmo se você sentir que ele livrar de mais óleo de seu rosto, assim como com os produtos de limpeza, na verdade você está incentivando mais a produção de sebo se você secar seu rosto completamente.

O SEGREDO PARA Ter uma pele perfeita

Para evitar o entupimento, limpe pelo menos uma vez por dia, mas não esfregue forte, para não machucar a pele. Uma leve pressão dos dedos é o atrito suficiente para soltar a pele morta.

Caso você queira hidratar sua pele, aplique um hidratante oil-free. Evite produtos que contêm substâncias como óleos minerais e manteiga de cacau, como eles são muito emolientes para a sua condição de pele.

Particularmente, não gosto de hidrantes comuns, vou ensinar mais segredos:

Após a limpeza com o sabonete e o tônico, uso um gel:

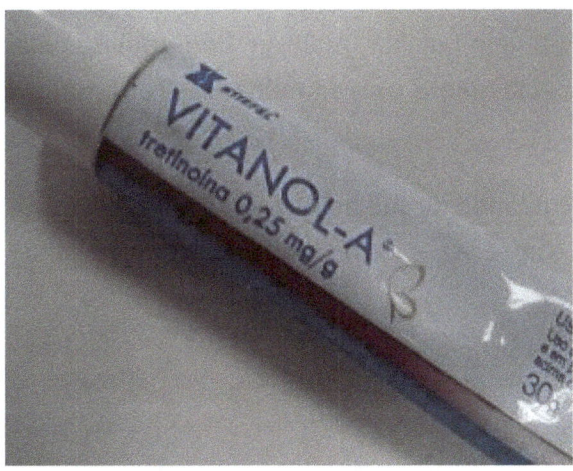

O medicamento está disponível em gel e em creme, e é papel do profissional de dermatologia definir qual das duas fórmulas é mais indicada em cada caso.

Peles mais oleosas, por exemplo, normalmente reagem melhor ao produto em gel.

Esse medicamento "é muito antigo, é o ácido retinoico tópico", ou seja, deve ser usado externamente e não ingerido. O Vitanol A "melhora rugas finas, apaga o fotoenvelhecimento, mas tem que ser utilizado com o acompanhamento de um dermatologista".

Promove um verdadeiro milagre na pele, excelente. Use a concentração de acordo com sua idade.

Para a sua make, escolher os produtos isentos de óleo, especialmente para sua base e blush. Ir para a base de água e não-comedogênico produtos que não vão entupir os poros.

Alguns produtos de base são projetados para absorver o óleo, que pode controlar o brilho durante o dia.

Como é com qualquer tipo de pele, não se esqueça de aplicar (não baseados em óleo, é claro) filtro solar.

O SEGREDO PARA
Ter uma pele perfeita

Existem formas alternativas de filtro solar por aí, e gel está se tornando uma escolha popular, pois é menos gorduroso do que loções convencionais. Para ser eficaz, o seu protetor solar deve ser de pelo menos SPF 15.

Se tiver muita acne, use produtos de limpeza que contêm uma quantidade moderada de ácido salicílico que limpa sua pele. Hidratante contendo a mesma substância também é um bom acompanhamento.

Finalmente, tente equilibrar a sua dieta também, amidos refinados, açúcar e alimentos processados podem agravar a sua pele naturalmente oleosa. Escolha alimentos que são baixos em gordura e coma mais frutas frescas, vegetais e grãos.

Beber muitos líquidos (6-8 copos por dia) de água, suco ou chás, mantém bom tom de pele. Manter sua ingestão de vitaminas e minerais especialmente com vitaminas A, C e complexo B.

O esforço e disciplina valem muito à pena, você cuidando de sua pele oleosa agora, mostrará os benefícios no futuro e sem dúvida uma pele sempre lisa, seca na medida certa, irão segui-lo anos mais tarde.

CAPÍTULO 04

TRATAR A PELE SECA

O SEGREDO PARA Ter uma pele perfeita

O tempo pode ser um dos piores inimigos da sua pele, especialmente durante a temporada de inverno. Enquanto passamos por este dilema, devemos lembrar que existem inúmeros fatores além do mencionado acima que coloca a sua pele para a condição normal de desgaste.

Cuidados eficazes com a pele e tratamento são maneiras de manter sua pele com aparência mais jovem, suave e cheio de umidade.

O propósito de colocar-se a um regime eficaz, é minimizar os hábitos incorretos de tratamento de pele e os fatores que prejudicam a pele e provoca danos irreversíveis.

Xerose

Dermatologistas usar o termo "xerose" para descrever a pele seca. Em casos mais graves, a hidratação da pele é quase ausente, resultando assim a característica de craqueamento, descamação e comichão chamado prurido.

As condições acima referidas são trazidas pela pele sem a humidade necessária para evitar os resultados acima mencionados. A pele necessita de uma quantidade relativa de humidade para manter o liso ou a elasticidade, flexibilidade e proteção.

Se a pele é um não é suficientemente hidratada, raios UV prejudiciais entram na pele com facilidade e viaja todo o caminho até o tecido subcutâneo delicado e, posteriormente, deixar a pele vulnerável a danos.

Causas da pele seca

A fim de evitar as muitas atividades que ponham em risco a saúde da sua pele, é importante identificar os muitos fatores que resulta da condição indesejada.

Evitar o uso de sabonetes com ingredientes agressivos sabonetes regulares, como sabonetes anti-bacterianas e desodorante, que são hidratantes, desidrata a pele e rouba o seu tegumento com óleos essenciais que bloqueia a umidade do seu corpo.

Os produtos que contêm álcool também dissolvem os lipídios da pele e causa humidade da pele para evaporar resultante até à secura da pele.

Água e produtos à base de óleo são perfeitos para a sua pele. Use Dove Olay e outros sabonetes sucedâneos disponíveis nas farmácias.

O SEGREDO PARA ter uma pele perfeita

Segredo revelado:

Misture em seu hidratante, um pouquinho de óleo baby Johnsson e espalhe pelo corpo todo, faça o mesmo com o hidratante facial e aplique em seu rosto.

Lavagem com água quente - Embora a água seja um agente hidratante eficaz, ela também retira da pele óleos valiosos ou lipídios que são responsáveis pela retenção de umidade de sua pele.

Banhos frequentes, especialmente com água quente, remove os óleos valiosos e expõe sua pele a infecções por destruir a primeira camada de defesa da pele.

Uma vez que este está perdido, sua pele ficará mais propensa a ataques de organismos patógenos e, por vezes, causar danos irreversíveis à sua pele.

Se você está acostumada a tomar banho com água quente e não pode resistir à tentação, tente substituí-lo com água morna, para diminuir o efeito de ressecamento da pele.

Banho frequente, geralmente mais do que uma vez por dia, esgota a umidade e óleos naturais do seu corpo. Além disso, limite o seu tempo de banho em 15 minutos.

Clima

O inverno é um fator importante no desenvolvimento de uma pele seca. O uso de umidificador, na maioria dos casos, resolve o problema do efeito do clima. Ele compensa a umidade insuficiente necessária para a preservação da pele.

Isso ocorre porque o ar frio não pode manter uma quantidade adequada de água para servir exigências de umidade da pele.

O ar quente, por outro lado mantém umidade suficiente para manter a pele hidratada em um determinado nível.

Pacientes sob medicação

As pessoas que tomam drogas diuréticas removem a água do corpo, sobrecarregando os rins. Neste caso, é necessária a ingestão frequente de água.

Doença genética

As pessoas atingidas com uma rara doença genética chamada ictiose, são propensas a desenvolver a pele seca. Esta doença genética não tem cura e o objetivo do tratamento é o de amenizar os sintomas que se manifestam ao longo do caminho.

A pele merece muita atenção, é nela que manifesta a sua saúde geral ou estado de bem-estar.

Que lhe fornece pistas valiosas sobre a forma como você cuida de si mesmo e como você dá atenção à ela.

Uma maneira de manter esse brilho juvenil é entrar em um regime de tratamento da pele que irá ajudar a restaurar a umidade necessária.

A maioria das razões para secura são infecções bacterianas e fúngicas, que não desaparecem até que seja feito um tratamento com drogas de prescrição adequada. Mas, em razões não mencionadas acima, os produtos disponíveis no mercado irão ajudá-lo a atingir esse objetivo e manter uma pele que é invejada por todos.

Loções hydroxyacid Alpha são os melhores para a pele seca. À base de óleo são mais eficazes do que loções à base de água.

Hidratantes eficazes são dependentes de suas necessidades imediatas e de longo prazo. Se você quiser aliviar a coceira causada por pele seca, hidratantes comuns vão servir o seu propósito.

Humectantes, tais como loções, contendo glicerina, propileno glicol promove a retenção de humidade e alantoína e ureia são eficazes para a promoção da cura e remoção de células danificadas em cima da pele.

Cremes de barreira são eficazes para as pessoas que estão em um hábito de lavar as mãos com frequência. Para indivíduos com condições de pele seca avançada (prurido), agentes anti-pruriginosos, tais como farinha de aveia e óleo de pinho à base de alcatrão são benéficas.

O SEGREDO PARA ter uma pele perfeita

Uma dieta balanceada e exercícios fazem sua pele produzir e manter mais óleo.

Beber bastante água também é importante.

Se estes e outros tratamentos não são eficazes em aliviar todos os sintomas de ressecamento da pele, é melhor que você consulte um dermatologista profissional para que eles possam acompanhar de perto a causa da secura.

O SEGREDO PARA Ter uma pele perfeita

Tipos de pele variam assim como o tipo de tratamento sob medida para atender suas necessidades. Alguns têm pele normal, oleosa ou seca.

Para alguns, tempo frio, poderia transformar um rosto oleoso em seco, em minutos. Isto é porque o ar frio não transporta humidade suficiente para humedecer superfícies secas, especialmente a pele, e, eventualmente, faz com que a pele fique menos úmida e mais propensa a escamação.

Comportamento de limpeza influencia o modo como a nossa pele mantém a umidade e inibe os sintomas de pele seca.

A umidade é a chave para uma pele maravilhosa, com aparência saudável.

Tratamentos de pele adequados, dado o fato de que as pessoas com pele mista possuem pele seca e oleosa espalhados em quantidade de óleo que mantém a umidade em sua pele.

Beber bastante água também é importante.

As áreas da pele que estão secas, devem ser cuidadosamente limpas, de preferência com cremes frios e seque com a toalha sem esfregar e lavar com água morna.

Peles oleosas devem ser cuidadosamente limpas e mantidas secas para evitar o surgimento de acne. Áreas oleosas são tão sensíveis, que qualquer aplicação incorreta de medicamentos e cremes podem causar acne e outras irritações a entrar em erupção.

Há feitos especialmente produtos criados para cada tipo de pele e seu dermatologista pode lhe fornecer detalhes valiosos sobre quais produtos faciais melhor se adequam a sua pele, visto que cada pele exige tratamento único.

Hidratantes para pele mista

Pele de todos os tipos devem permanecer hidratada em um considerável grau de umidade para tornar a pele menos susceptíveis a infecções que tendem a atacar.

Enquanto tivermos em conta que ambos os tipos de pele, oleosa e seca, exigem um certo nível de umidade, a parte oleosa exige maior cuidado e limpeza intensiva.

Pele oleosa é mais propensa a ataques de bactérias resultantes de acne.

O Óleo produzido pelas glândulas sudoríparas (glândulas de óleo) contém restos celulares que é um excelente terreno fértil para as bactérias. Se a sua pele é muito oleosa, as bactérias podem alimentar-se e multiplicar-se, como resultado da alimentação continua. Se qualquer um destes microrganismos ficarem no caminho para os poros da pele, multiplica e deposita material sedimentar tóxico, que obstrui os poros e, eventualmente, inicia a infecção.

Pele oleosa, pele seca e óleos essenciais

Remédios para ambos os tipos de pele são concedidos com diferentes tipos de medicamentos.

Para a pele oleosa, de remoção de óleo, de produtos de cuidados da pele oleosa são aplicáveis, e produtos de cuidados da pele à base de óleo para a pele seca são necessários para a pele sem o requisito mínimo de umidade.

A pele seca é um resultado de um nível baixo de sebo (óleo) sobre a pele, que torna a pele incapazes de reter a humidade.

Óleo na medida necessária para manter a flexibilidade estrutural e proteger a pele, num certo grau, dos raios nocivos do sol.

Se a pele não tem qualquer uma dessas características, você vai experimentar a sensação de "aperto", sensação de ardor, coceira, irritabilidade e aumento da sensibilidade à textura e temperatura.

Esta condição pode ser um resultado do cuidado impróprio da pele incluindo mas não limitado a demasiada lavagem, muito sol, má alimentação, a vulnerabilidade química, condição hereditária, como na ictiose, e outra condição médica pré- existente, como dermatite seborréica, psoríase, eczema, hipotiroidismo, e medicamentos, tais como diuréticos, anti- histamínicos, etc.

A pele oleosa coloca um monte de problema para a maioria das pessoas. A pele parece aborrecida; poros dilatados e propensa a manchas, tais como cravos. Se não tratada, pode resultar em infecções e acne. Pele oleosa são mais comuns em mulheres grávidas, usa produtos e cosméticos à base de óleo com diferentes ou instáveis níveis hormonais.

Como a maioria dos traços, a pele oleosa pode ser atribuída aos pais e são herdadas. Dieta e tempo também induz a pele da pessoa para se tornar oleosa.

Tendo todas essas informações em mãos, você será capaz de escolher o óleo essencial que seja compatível com seu tipo de pele. Os óleos essenciais são melhores em apoiar o tratamento para a pele oleosa e seca.

Os óleos essenciais tornam a quantidade certa de humidade necessária para manter a pele saudável, com menos manchas, e inibir o crescimento de outros microrganismos, etc.

Para a pele oleosa, você pode optar por um ou uma combinação de qualquer um dos seguintes óleos essenciais: Gerânio, Bergamota, Juniper, madeira de cedro, e Sage. Cipreste e incenso também são boas alternativas. Lemon é excelente e tudo natural.

O SEGREDO PARA Ter uma pele perfeita

Rose, Patchouli, e hissopo são os melhores para a pele seca. Lavanda e Gerânio pode ser usado para ambos os tipos de pele e pessoas com história de reação alérgica a perfumes. Para alguns, Ylang-Ylang e sândalo também são utilizados.

CAPÍTULO 06

Como proteger a **sua pele**

limão

Ninguém pode negar que ter uma pele saudável, é fundamental para viver uma vida perfeitamente maravilhoso. Ela liberta da ira de sintomas causados por doenças de pele.

A pele é talvez uma das partes mais importantes do seu corpo, ela protege contra uma série de doenças que podem representar uma ameaça à sua existência.

É linha principal do nosso corpo de defesa. Ela protege você de todas as infecções e isola seu corpo a partir do ambiente externo, a fim de manter uma temperatura corporal relativamente estável.

Ele é o principal ponto de contato com o mundo exterior do corpo, o envio de informações constantes ao cérebro sobre dor, calor, textura, frio, etc.

Câncer de pele

Como a maioria parte do nosso corpo, a pele também é propensa a desenvolver câncer. O cancro é um resultado de um crescimento celular descontrolado em uma parte do corpo.

Ao contrário das células normais que estão programados para dividir, crescer e morrer em um determinado momento, as células de cancro não têm os mecanismos internos para controlar o crescimento e como resultado provoca danos graves as células normais.

Tecnicamente, o corpo reage em muitas maneiras de células cancerosas, mas esta anomalia faz com que outras doenças provoque a morte nutricional.

As células cancerígenas foram encontradas para fazer com que o corpo produza numerosas ligações dos vasos sanguíneos ao longo do processo canceroso privando, assim, as células normais com nutrientes.

Algumas células, mesmo separadas do seu ponto de origem e viajarem para outras partes do corpo para iniciar uma nova colônia de células cancerosas.

Os cancros da pele são: melanoma ou não-melanoma cancros. Não-melanomas são cancros que surgem a partir de outras células de melanócitos, células da pele. Melanomas são células melanócitos cancerosas que produzem melanina, um pigmento que dá à pele a sua cor característica.

Raios UV

O sol é um dos inimigos principais da pele. Embora a luz solar da pele ajude a sintetizar a vitamina D (colecalciferol), a exposição excessiva e prolongada ao sol provoca danos e

CAPÍTULO 07
O sol e a sua pele

O SEGREDO PARA ter uma pele perfeita

fogo baixo, coloque A luz solar que passa através de terra é composta de luz visível e a luz ultravioleta (UV). UVA e UVB são uma das luzes ultravioletas mais comuns. luzes UV cai fora do espectro de luz visível, o que significa, o olho humano não pode ver este tipo de luz e só pode ser visto usando uma sofisticada ferramenta que detecta diferentes comprimentos de onda de luz em todo o espectro de luz.

A diferença entre a luz UVA e UVB reside na sua capacidade para danificar as células da pele. Luz UVB não atravessa a camada mais profunda da pele e é responsável por queimaduras visíveis e danos ao DNA através da camada superior da pele.

Luz UVA, por outro lado, penetra através da camada mais profunda da pele e ativa os radicais livres (substâncias muito reativas), que causam pequenos danos para a pele, contas danos cumulativos para o envelhecimento prematuro da pele.

SPFs, estilo de vida e dieta

Há equívocos sobre a cor da pele. As pessoas acreditam que quanto mais branco você é, mais é susceptível de sofrer queimaduras causadas pela exposição à luz solar.

Isso pode ser parcialmente verdadeiro, mas a exposição excessiva aos raios UV pode causar sérios problemas de pele, independente da cor.

Se você for ao ar livre e não puder evitar se expor aos raios solares nocivos, siga as seguintes recomendações:

Usar protetor solar. Mais e mais pessoas estão começando a perceber a importância de usar loções com ingredientes fator de proteção solar (FPS). SPF s cremes protetores solar são eficazes no bloqueio de raios UV de penetrar através de sua pele.

A aplicação intensiva deve ser feita em pontos expostas do corpo, como a parte inferior dos braços e pernas, lóbulos da orelha, nariz, pés e rosto. Escolha filtro solar que contêm uma quantidade elevada de dióxido de titânio, óxido de zinco, benzofenona, oxibenzona, sulisobenzona e / ou butil metoxidibenzoilmetano conhecido como avobenzone (Parsol 1979).

Usar tecido de proteção - Vestuários são eficazes na defesa contra os raios UV indesejados. Hoje, alguns tecidos são eficazes em interceptar os raios UV. Chapéus com abas largas também conferem uma grande quantidade de proteção.

Minimizar a exposição desnecessária - a exposição ao sol inevitável, tais como recreação ou como parte da ocupação é um dos perigos da vida quotidiana e aumenta risco de desenvolver câncer de pele mais tarde na vida.

O SEGREDO PARA Ter uma pele perfeita

Se estas medidas não podem ser evitadas, certifique-se de usar roupas de proteção e usar protetores solares apropriados para uma determinada atividade e seu nível de exposição.

Aumentar meios de proteção SPFs.

Bronzeamento artificial também apresenta o mesmo tipo de risco devido a danos induzidos por UV. Ele usa os raios UVA e não causa queimaduras óbvias. A quantidade de danos é comparável aos raios UVB que causam bronzeamento visível e danos.

Coma direto - Manter uma dieta bem equilibrada é fundamental para a manutenção de uma pele saudável. Sua avó pode ter dito isso uma vez para você, mas frutas e verduras contêm excelentes rejuvenescedores da pele.

Frutas e vegetais contêm anti-oxidantes, tais como as vitaminas C, D e E. Estes produtos alimentares orgânicos se ligam com os radicais livres altamente reativos e neutralizá-los. Eles isolam o corpo contra danos indesejados causados por estes produtos químicos extremamente prejudiciais.

Os grãos integrais, sementes, nozes, peixe tal como atum e salmões, são excelentes fontes de ácidos gordos e óleos essenciais e mantém a pele hidratada. ácidos graxos age como um escudo na prevenção de raios UV.

Fluidos tais como água e sucos, também mantém a pele hidratada e minimiza o efeito da exposição ao sol. Estudos mostram que a pele desidratada é mais propensa a ter queimaduras e danos estruturais.

Segredo para rejuvenescer e emagrecer rápido e com saúde.

Sopa Mágica:

Ingredientes:

- 2 cenouras c a rama verde
- 4 pedaços grandes de abóbora

- ½ salsão
- Vagem, um punhado
- 1 couve
- Uma pitada de sal
- 1 fio de azeite de oliva
- Uma pitada de açafrão

Modo de preparar:

Pique tudo em pedaços bem pequenos, cozinhe tudo em uma panela, faça um cozimento rápido, deixe tudo al dente. Deixe esfriar um pouco. Bata tudo no liquidificador. Pronto beba a gosto.

Dica: congele o restante em potes pequenos para ir consumindo aos poucos.

Proteger a pele do sol

Sim, desfrutar de um dia ensolarado na praia é divertido. No entanto, quando sair sem uma proteção adequada da pele, é arriscar-se de ter doenças de pele, um dos quais é o câncer de pele, tão temido.

Então, para manter o brilho saudável, jovem de sua pele, é indispensável entender como os maus efeitos dos raios ultravioletas ou UV do sol entram em ação.

Os raios UV-A e UV-B penetram as nuvens, camadas espessas de vidro, camada de água, e as camadas da pele.

UV-B faz com que as camadas superiores da pele libertem substâncias químicas que permitem a expansão dos vasos sanguíneos e causando pequenas hemorragias, resultando em inflamação, dor e vermelhidão conhecido como queimaduras solares.

Este dano pode ocorrer dentro de um valor aproximado de apenas 15 minutos e pode continuar a piorar durante até 72 horas após a exposição ao sol.

As células da pele danificadas no processo vão morrer.

Peeling é o processo em que o corpo dispõe de células mortas da pele. UV-A são os raios que ficam nas camadas mais profundas da pele. Isso afeta as células que vivem sob a superfície da pele.

Estes raios não só trazem danos a longo prazo, tais como flacidez, rugas e descoloração, como também dá lugar para os estágios iniciais de câncer de pele.

O SEGREDO PARA Ter uma pele perfeita

Os raios UV agem como serras em cadeia, trituração profunda no ADN (o material genético, com uma estrutura muito precisa, a ordem específica e codificação específica) encontrados dentro dos núcleos celulares. Enzimas de reparação dentro da célula agem por contrariar os danos causados na cadeia de ADN em período o mais curto possível.

Este dano e reparação acontece simultaneamente e continuamente com o tempo da reparação de manter-se com a extensão dos danos infligidos.

Mas, como qualquer outro mecanismo dentro do corpo, estas enzimas de reparação têm os seus limites e atinge o ponto que eles não podem mais trabalhar. Quando o dano é demais (o que ocorre antes mesmo da pele ficar vermelha), as enzimas não podem lidar. O resultado é uma estrutura de ADN que altera e desmonta a codificação e leva à anormalidade das células da pele ou o que é denominado como mutação. Este é o primeiro passo da formação de células cancerosas.

Os raios UV também contribui para a formação de superóxidos que são substâncias químicas extremamente tóxicas, acelerando o envelhecimento das células da pele.

Então, quem são exatamente as ameaças de ter câncer de pele?

As pessoas que já sofreram três ou mais casos de queimaduras solar antes de atingirem a idade de vinte e banhistas regulares que sempre anseiam por um bronzeado instantâneo têm maiores riscos de adquirir a doença de pele conhecida como melanoma.

Agricultores, jogadores de golfe e outros, que têm longa exposição ao sol, têm mais tendência a ter formas mais leves de câncer de pele.

Então, agora você sabe como o corpo reage à luz solar e algumas informações sobre como prevenir seus efeitos nocivos. Ironicamente, os estudos sobre o cuidado da pele mostram que a vitamina D, com a ajuda de exposição à luz solar, pode ajudar o combate do cancro de pele.

Então, como se faz para se expor, sem a paranóia do câncer assombrá-lo? Dermatologistas sugerem o uso do protetor solar.

Pesquisas mostraram que a exposição à luz solar sem protetor, deve ser menor do que 10 a 15 minutos ao meio-dia, quando o sol está mais forte. Usar um protetor solar com FPS ou protecção solar 15 ou superior é recomendado.

Pessoas com pele sensível e os adultos mais velhos, devem usar um FPS de 30 ou mais forte porque a sua pele tende a queimar mais facilmente. Pessoas com alergias ou pele sensível também devem tomar nota e escolher aqueles que são livres de produtos químicos, corantes, conservantes e álcool.

O SEGREDO PARA Ter uma pele perfeita

Se a exposição ao sol for elevada, use um protetor solar mais forte com zinco ou o óxido de titânio, é a melhor opção, uma vez que irá parar completamente a luz solar de chegar à pele.

A aplicação do protetor solar deve ser cerca de meia hora antes de ficar exposto ao sol e a reaplicação deve ser feita a cada poucas horas.

E quando for nadar, deve-se saber que 98 por cento dos raios do sol, pode passar através da água, de modo que sem algum tipo de protetor solar "resistente à água" e aplicações frequentes, queimadura solar pode ser inevitável.

CAPÍTULO 08
Pele, cremes e **rugas**

O SEGREDO PARA Ter uma pele perfeita

A pele é uma estrutura indispensável para a vida humana. Por formar uma barreira entre os órgãos internos e o ambiente externo, a pele participa em muitas funções vitais do corpo.

A superfície exterior é constituída por camadas estratificadas de células mortas, queratinizadas, que formam um invólucro de protecção eficaz contra a penetração de substâncias nocivas a partir do ambiente exterior.

A função de proteção é reforçada pelas secreções oleosas e ligeiramente ácida das glândulas sebáceas, que desencorajam o crescimento e multiplicação de muitas bactérias nocivas.

Subjacente a esta camada exterior dura ou da epiderme, são a derme e tecido subcutâneo que, longe de ser homogênea, são compostas de um grande número de tecidos, que são apoiadas e mantidas em relação adequada com um outro por meio de tecido fibroso conjuntivo elástico.

Obviamente, a pele, em vez de ser um único órgão, consiste em grupos de órgãos, cada um sensível a seu próprio estímulo particular, e vulnerável a qualquer influência nociva que ameaçaria em outras partes do corpo.

Uma vez que estes chamados influências nocivas tenham tomado tanto efeito na pele, o produto resultante seria inúmeros problemas dermatológicos como rugas.

Embora rugas são mais associadas com o relógio dermatológico da pele, ela ainda é considerada como o produto resultante dos maiores efeitos das influências nocivas na pele.

Um dos quais é os efeitos nocivos do sol. A exposição prolongada a ele pode prematuramente adiantar a idade da pele da pessoa.

Normalmente, as rugas aparecem quando a pele já perdeu sua elasticidade e firmeza. Isso geralmente é provocada pelos efeitos nocivos do sol e outros fatores ambientais. Também é provocada pela perda de tecido adiposo na camada mais interna da pele.

Por isso, os médicos especialistas e de pele afirmam que aplicar cremes para a pele é o melhor para o processo de regeneração da pele.

Basicamente, cremes para a pele é constituída por substâncias que ajudam a pele regenerar seus tecidos gordos perdidos e elasticidade. Tem componentes especiais que visam especificamente as áreas de modo a estimular a pele para produzir o colágeno e elasticidade. Estes dois elementos da pele são os responsáveis na restauração da capacidade hidratante inata da pele.

No entanto, nem todos os cremes de pele são criados iguais.

O SEGREDO PARA Ter uma pele perfeita

Existem alguns fatores que precisam ser considerados na escolha de cremes para a pele que irá funcionar melhor para rugas. Aqui estão alguns deles:

Escolha cremes de pele que contêm os componentes necessários que irão funcionar melhor nas rugas.

Existem muitos cremes de pele que são feitas para remover rugas. No entanto, nem todos eles são criados iguais.

Portanto, seria melhor escolher cremes de pele que contêm os ingredientes necessários que irão funcionar melhor em rugas.

É melhor escolher cremes de pele que contenham óleos essenciais e anti-oxidantes, como a semente de uva que vão ajudar a hidratar a umidade natural da pele.

Escolha um creme de pele que contém vitamina C.

A vitamina C não só é bom para os ossos e dentes, mas também melhor para a pele. Na verdade, a vitamina C tem sido comprovada para combater e prevenir as rugas. Ela ajuda a neutralizar rupturas de pele causadas pelos raios nocivos do sol.

Além disso, a vitamina C é conhecida pela produção de colágeno, a proteína conhecida que contribui para a força da pele.

É melhor escolher o creme de pele que pode ser facilmente absorvido pela pele.

Um dos fatores que afetam a eficiência dos cremes para a pele é a sua capacidade de penetrar rapidamente na pele. É melhor se ele pode infiltrar-se através da camada mais interna da pele.

Assim, mesmo se o creme de pele conter a maioria dos ingredientes necessários para curar rugas, mas o fato de que ele não penetra facilmente na pele, todo o tratamento é inútil. Tem que funcionar completamente dentro da pele, a fim de produzir os elementos perdidos devido aos danos.

Tem que ser antialérgicas.

Como mencionado, nem todos os cremes de pele são criados iguais e nem todas as peles são as mesmas. Por isso, existem alguns casos em que algumas peles são realmente sensíveis e podem gerar reações adversas, uma vez existem alguns componentes que não podem tolerar.

Então, seria melhor usar cremes de pele que contêm materiais anti-alérgicos ou substâncias naturais que irão trabalhar com segurança na pele.

O SEGREDO PARA Ter uma pele perfeita

Na verdade, mesmo se a pele ter a capacidade natural para curar a si mesma, ela ainda precisa de alguma ajuda de outras substâncias que normalmente estão contidos nos cremes para a pele.

É verdade que as pessoas nunca podem levar anos, mas cremes para a pele pode ajudar a pele rejuvenescer a um estado melhor.

Meu segredo poderosíssimo:

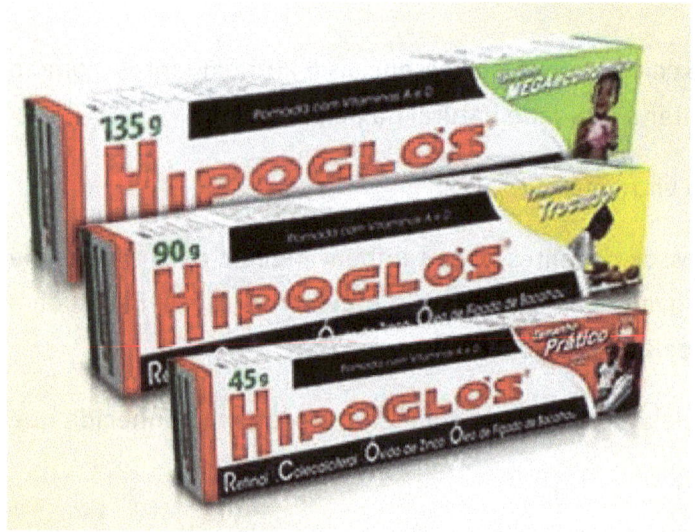

Após ter aplicado o Vitanol A, você irá hidratar e proteger contra os radicais livres:

O Hipoglós tem uma formulação especial que tem retinol (vitamina A), colecalciferol (vitamina D), óxido de zinco, além de óleos de fígado de bacalhau, mineral, água purificada e outras substâncias que só fazem bem para a pele, principalmente Hipoglós no rosto.

Hipoglós no rosto – Um santo remédio para sua pele.

CAPÍTULO 09
Boa **nutrição** e sua tez

O SEGREDO PARA Ter uma pele perfeita

Como diz o velho ditado, "Saúde é riqueza." Por isso, é sempre importante manter o valor de uma alimentação adequada e um estilo de vida saudável, a fim de ficar em forma e ser perfeitamente saudável.

No entanto, ser saudável não é apenas restrito em ter um corpo perfeito. Na verdade, além de ter um corpo perfeito, ser saudável também pode significar ter uma pele saudável.

Tem pessoas que irradiam beleza interior e exalando beleza, mesmo sem os vestígios de maquiagem.

Hoje em dia, boa aparência não é mais um fator de vaidade, mas já é considerada uma forma de se manter saudável.

Isso ocorre porque muitos médicos especialistas estão agora a insistir no fato de que uma boa nutrição é, de fato, um fator importante em ter uma boa aparência e imagem.

Na realidade, muitas pessoas não estão conscientes de que uma boa nutrição é um grande fator na geração de uma boa aparência e pele saudável.

Eles pensavam que comer o tipo certo de alimento faria as pessoas mais saudáveis e viver a vida mais longa. O que eles não sabem é que uma boa nutrição também é um grande fator em ter uma boa aparência e pele saudável.

Portanto, para as pessoas que não estão cientes porque uma boa nutrição é importante para manter uma tez da pele saudável, aqui estão algumas razões: Comer alimentos que são ricos em vitamina A é importante na manutenção de uma pele saudável.

Uma dose diária de vitamina A é provado ser uma forma eficaz de reduzir o aparecimento de acne, rugas e outros problemas de pele.

No entanto, os cuidados devem ser devidamente observados quando consumir alimentos ricos em vitamina A. Demasiada ingestão desta vitamina pode resultar em problemas graves, como doenças do fígado.

Uma boa nutrição repõe as vitaminas perdidas e minerais que o corpo humano não é capaz de produzir.

Quando as pessoas são expostas ao sol? reservatórios de vitamina C da pele caem, e ao contrário da maioria dos animais, os seres humanos não podem produzir vitamina C.

Portanto, é importante reproduzir a vitamina C pela ingestão de alimentos ricos em vitamina C. Desta forma, a pele será capaz de combater os efeitos nocivos dos danos causados pelos raios ultravioletas do sol.

O SEGREDO PARA Ter uma pele perfeita

Comer alimentos ricos em antioxidantes é **definitivamente muito bom para a pele**.

Para que a pele trabalhe contra os oxidantes ou os radicais livres que são fabricados quando as células do corpo queimam oxigênio para gerar energia, é importante para as pessoas comerem alimentos que são ricos em antioxidantes. Estes alimentos são os "legumes de folha verde", como o espinafre.

Os antioxidantes também estão presentes em alimentos ricos em carotenóides, como beta-caroteno. Um bom exemplo disso é a cenouras.

Ele também pode estar presente em suplementos alimentares, tais como as vitaminas E e C.

Comer alimentos ricos em fibras, também pode **contribuir para a boa tez da pele**.

A fibra, é composta a partir de material da parede celular da planta, grãos integrais, legumes, frutas cítricas, nozes e vegetais são boas fontes de fibra dietética.

No seu sentido básico, a fibra é um exemplo de hidrato de carbono complexo que é relativamente essencial na absorção dos outros nutrientes para dentro do corpo. Sem fibra, alguns dos nutrientes só serão postas a perder e não será consumida pelo corpo.

Assim, com fibra, a tez da pele será mais saudável e vai mesmo produzir uma luminosidade saudável.

Para o crescimento e produção de novas células da pele, as proteínas são as melhores fontes, a fim de ajudar neste processo.

As proteínas são cadeias de aminoácidos responsáveis pelo crescimento de células da pele e manutenção.

Proteína em alimentos como carne, aves, peixe, e produtos lácteos é chamado proteína completa, porque contém aminoácidos essenciais necessários para a construção e a manutenção de células da pele.

Assim, uma célula da pele mantida adequadamente vai resultar em uma boa tez da pele.

Na verdade, comer direito não se limita a produzir um corpo saudável, mas uma pele saudável também. Assim, as pessoas deveriam ser mais conscientes do que estão comendo, porque certamente irá refletir sobre a aparência da sua pele.

Como a maioria das pessoas dizem: **"Você é o que você come."**

CAPÍTULO 10

Como os **radicais** livres danificam as **células da pele**

O SEGREDO PARA Ter uma pele perfeita

Radicais livres são más notícias. Estes radicais livres são ligados às origens do cancro, os cientistas estão agora concentrando seus esforços na compreensão de como os radicais livres trabalham seus efeitos sobre o corpo.

Para aqueles interessados em como os radicais livres afetam a pele, diga-se que os radicais livres são definitivamente prejudiciais à pele.

Radicais livres iniciam a deterioração do apoio estrutural da pele e diminui a elasticidade, e resistência da pele. Eles são muitas vezes marcado como o culpado no caso de rugas, perda de elasticidade da pele e maleabilidade.

Danos causados por radicais livres não são algo facilmente explicado, como acontece em um nível atômico. Quando as moléculas de oxigénio estão envolvidas em reações químicas, que normalmente perdem um elétron.

Por sua vez estas moléculas, que são agora chamadas radicais livres, terá elétrons das moléculas vizinhas. Isto irá desencadear uma reação em cadeia que é sumariamente chamado danos por radicais livres.

Assim, praticamente qualquer coisa que contém oxigênio - monóxido de carbono, peróxido de hidrogênio - pode causar danos nos radicais livres. Muitas vezes as causas de danos dos radicais livres adverso no mundo natural são gases de escape, muita luz solar e outras fontes que contêm oxigênio. Outras causas de danos dos radicais livre à radiação pele.

A radiação pode causar o acúmulo de radicais livres. raios-X, raios gama e outros podem aumentar a presença de radicais livres no corpo.

Proibido Fumar

Fumar, além de ser um perigo para a saúde para os pulmões, tem sido conhecido por causar, pele seca e pálida, tez insalubre. Além disso, eles têm sido estudados para promover a presença de radicais livres no organismo, mas complicando os efeitos adversos do tabaco traz.

As partículas inorgânicas

Há também outras substâncias que causam danos além dos radicais livres. Entre estas substâncias estão amianto, quartzo, sílica.

Gases

Apesar do ozônio não ser um radical livre, é um poderoso agente oxidante. O ozônio que se degrada em determinadas condições, contém dois elétrons desemparelhados.

Isto sugere que os radicais livres se formem quando essa decomposição ocorre.

Mas espere, todos nós precisamos de oxigênio para viver? Sim precisamos. Felizmente, temos antioxidantes para nos ajudar a sobreviver!

Antioxidantes

Antioxidantes ajudam a evitar danos por radicais livres, impedindo que estas moléculas de radicais livres parem de interagir com outras moléculas, por conseguinte, a reacção em cadeia nanismo do processo.

A boa notícia é que estes antioxidantes existem em abundância no corpo humano e no mundo das plantas. Antioxidantes incluem ingredientes, tais como vitaminas A, C e E; flavonóides; superoxido dismutação; betacaroteno; selênio; glutationa; e zinco.

Agora, de volta aos negócios. Como isso afeta a sua pele? Estudos estão apontando para o fato de que as rugas e outros fatores de pele relacionadas com a idade estão diretamente relacionados a danos dos radicais livres, que não é contrariada por antioxidantes.

Se a pessoa não obter suficiente antioxidantes para sua dieta e de outras fontes, as suas células da pele podem quebrar e perder a sua capacidade para funcionar bem.

A maioria das loções hidratantes hoje em dia possui uma fórmula antioxidante especificamente orientada para aqueles que estão preocupados com a danos por radicais livres.

Infelizmente, é difícil provar se estes compostos podem realmente mostrar resultados drásticos, já que não é prático para esperar resultados durante a noite.

No entanto, é ainda uma boa idéia para fazer alarde sobre antioxidantes como os benefícios destes compostos que são bem conhecidos. Algumas pessoas ainda acreditam que, com mais investigação científica, investigação dos radicais livres poderia levar a avanços surpreendentes contra os efeitos do envelhecimento.

Para aumentar antioxidantes no corpo pode-se aumentar a ingestão de antioxidantes na dieta, ou pode adquirir aplicações tópicas das vitaminas A, C, E e os outros compostos antioxidantes para aumentar a defesa contra os danos por radicais livres.

Alguns cientistas pensam que os danos devem libertar radical livre, acreditam que para ser interrompida ou revertida, os antioxidantes são a resposta.

Por conseguinte, para aumentar a presença de antioxidantes no corpo, uma dieta modificada com antioxidantes, e, a aplicação tópica de antioxidantes em produtos de cuidados da pele, desempenha um papel em retardar os danos por radicais livres.

Conclusão

Agora, todos devem saltar para o movimento anti-radicais livres? Embora a ciência ainda tem de colocar os toques finais sobre os estudos sobre os radicais livres, não há evidências suficientes para sugerir que os antioxidantes podem beneficiar o corpo.

Embora isso não vai garantir um milagre na pele durante a noite, mas, pelo menos, irão impedir os efeitos de danos por radicais livres, e, possivelmente, inverter-los.

ser Para ser útil e eficaz para a pele e corpo, a vitamina C deve estar na forma de ácido ascórbico. Estudos revelam que uma vez que é aplicado sobre a pele, pode permanecer na pele por até setenta e duas horas.

A vitamina C e melanogénese

A investigação mostra que a formação de vitamina c ajuda na diminuição de melanina. O fato de que a melanina é responsável pela pigmentação escura da pele, estudos mostram claramente que a vitamina C contribui para o clareamento da pele.

A preparação pode ser usada para esclarecer e até mesmo para deixar o tom da pele uniforme, pois clareia manchas escuras e outras manchas da pele.

Vitamina C e proteção do sol

Ao neutralizar os radicais livres, as moléculas extremamente reativas criadas pela luz solar, membranas celulares e outros componentes de interação do tecido da pele.

Sendo claro, porém, que ele não tem capacidade para absorver a luz, por isso não é um protetor solar e nunca deve ser um substituto ou um substituto para protetor solar; no entanto, é bom aplicá-lo ao lado de um protector solar.

A vitamina C e o seu papel na síntese de colágeno

O antioxidante é o único comprovado para aumentar a síntese de colágeno, auxiliar na cicatrização de pequenos cortes e feridas.

Como o colágeno diminui com a idade, o foto envelhecimento acelera ainda mais a diminuição. Ácido ascórbico atua como um sinal, enviar a mensagem para os genes de colágeno para que ele possa fabricar mais, e também é um cofator para enzimas vitais na síntese de colágeno.

A vitamina C e a sua função como inibidor de radicais livres e antioxidante.

A produção de colágeno é afetada quando a pele é exposta à espécies de oxigénio reativas, conhecidas como radicais livres. Como resultado, aparecem as rugas e flacidez da pele prematuras.

Muita exposição à radiação UV vai dar origem a radicais livres.

Como radiação UV penetra profundamente a pele criando radicais livres, bem como outros agentes reativos que atingem e danificam os lípidos da pele, a vitamina C ajuda o corpo para neutralizar estes radicais livres.

O SEGREDO PARA Ter uma pele perfeita

A **vitamina C** desempenha estas funções:

- Lutas contra invasores estranhos no corpo.
- Aumenta a produção de colágeno na pele.
- Ajuda na produção de anticorpos.
- É um anti-histamínico natural, pode reduzir reações alérgicas.
- Neutraliza poluentes.
- Mantém a pele saudável
- Aumenta a taxa de cura.

Orientações na avaliação de produtos Vitamina C:

Perguntar se o produto contém ácido L-ascórbico. Há determinados produtos que contenham ácido L-ascórbico dentro de um complexo de vitamina C. Saber qual a forma de vitamina c a ser usado.

Ácido L-ascórbico deve ser de um nível de pH baixo, para penetrar eficazmente na pele.

Verifique se a preparação é estável.

Olhe o produto para ver se contém o ácido L-ascórbico estável, baixo pH e alta concentração.

Lembre-se que quando um rótulo diz "vitamina c", isso não significa que ele contém ácido L-ascórbico.

Produtos L-ascórbico para a pele:

Cellex-C

Utiliza o ácido L-ascórbico como seu ingrediente principal, combinado com sulfato de zinco e L-tirosina, tornando a pele mais firme, e reduz as linhas profundas, o que confere à pele uma aparência mais jovem.

Esta formulação é aplicada na face uma vez por dia e os resultados podem ser alcançados dentro de oito a doze semanas.

C FactorTM

Rico em ácido L-ascórbico, este produto promove a renovação celular e protege a pele contra danos futuros.

Os benefícios incluem:

- Recupera a pele danificada pelo sol.
- Diminui o aparecimento de rugas e linhas finas.
- Melhora os tons de pele.
- Envelhecimento UV é inibida por alcançar pele muito mais jovem.
- Pode ser usado diariamente.
- Poros são desobstruídos.
- Tem uma fórmula hidratante
- Ajuda na produção de colágeno.
- Sustenta a elasticidade da pele.

Acção C

Proporciona ácido L-ascórbico em forma concentrada, para melhorar a aparência da pele manchada ou danificada pelo sol. Imediatamente após a primeira aplicação, ele hidrata a pele resultante para uma pele vibrante.

Ele também protege a pele contra os raios do sol para minimizar o efeito do envelhecimento precoce.

HydraXtract "C"

Vitamina C (ácido L-ascórbico), combinada com a vitamina E, o a-bisobolol, pantenol (pro-vitamina B5), acetato de tocoferol (vitamina E), o aloé vera, a alantoína, e extrato de camomila para um tom mais jovem da pele.

Independentemente de todos os benefícios que a vitamina C fornece, deve-se notar que é importante não ficar preso em apenas um antioxidante.

O envelhecimento da pele é muito complicado, e embora a vitamina C é evidentemente muito eficaz, os pesquisadores sugerem que é melhor para combater fatores no aumento do envelhecimento da pele usando vários antioxidantes e não depender de alguns que tem maior publicidade.

Da mesma forma, será incorreto dizer que não há um único "melhor" antioxidante.

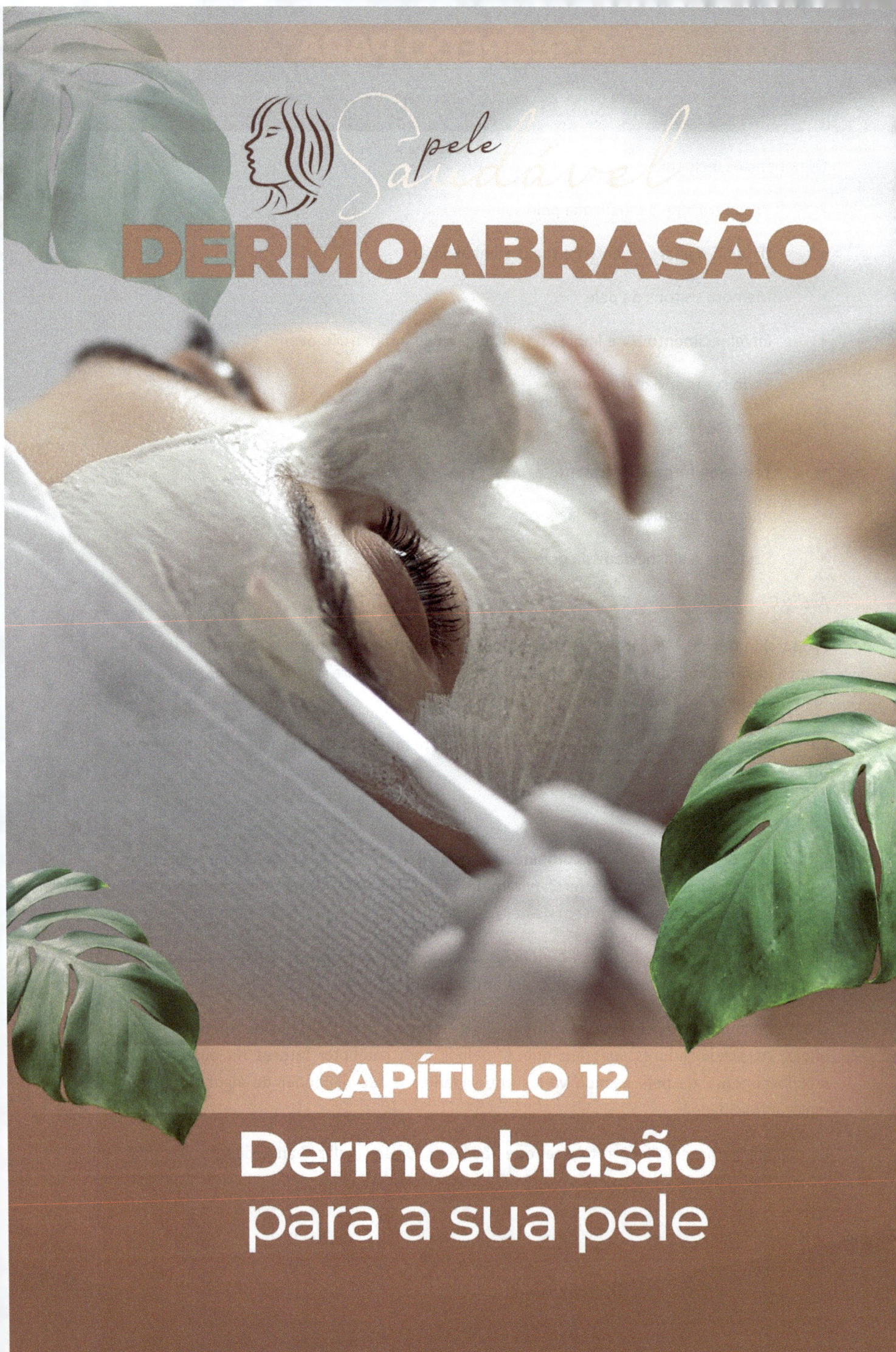

O SEGREDO PARA Ter uma pele perfeita

Dermoabrasão dérmica, ou planejamento cirúrgico da pele, é feito em pacientes selecionados com desfigurações faciais de cicatrizes resultantes de acne, trauma, tatuagem, sardas, e varicela ou varíola.

O procedimento envolve a remoção superficial da epiderme e da derme. Os resultados são melhores no rosto, porque ele é rico em elementos epiteliais intra-dérmicas.

Planeamento ou dermoabrasão cirúrgico é realizado de forma manual com papel de lixa grossa, ou mecanicamente com um dispositivo de abrasão ou uma escova de arame de rotação rápida.

Instrução paciente e Preparação

A principal razão para sofrer dermoabrasão é melhorar a aparência.

Antes do processo começar, o cirurgião explica ao paciente o que ele pode esperar da dermoabrasão.

O paciente também deve ser informado sobre a natureza do curativo pós-operatório, os desconfortos que podem ocorrer, e quanto tempo vai demorar antes que seus tecidos voltem ao normal novamente.

Normalmente, a extensão da superfície a ser aplainada irá determinar se o procedimento tem lugar no consultório do cirurgião, na clínica ou hospital. Na maioria dos casos, uma anestesia geral é utilizada e o paciente é hospitalizado.

A pele é limpa durante vários dias antes da cirurgia. Barbear não é necessário na mulher, mas nos homens é importante fazer a barba na manhã da cirurgia.

Além de anestesia geral, a utilização de um anestésico tópico de pulverização para a estabilização e endurecimento da pele pode ser desejável.

A profundidade do planeamento pode ser facilmente aferida e a área anestesiada estará momentaneamente sem derramamento de sangue. As camadas superficiais da pele são removidas por uma máquina abrasiva, geralmente conhecida como a dermabrader, ou a lixagem.

Durante e após o planeamento, irrigações salinas removem detritos.

Deve ser feito para a pele de todo mundo?

Mesmo que a dermoabrasão seja uma das melhores cirurgias necessárias para limpar a pele de cicatrizes de acne e outros problemas de pele, ainda existem alguns fatores que precisam ser considerados antes de saltar para conclusões.

O SEGREDO PARA Ter uma pele perfeita

Esses fatores são muito importantes para levar em consideração, porque nem todos os tipos de pele são iguais. Assim, os efeitos podem variar.

Aqui estão alguns dos fatores que precisam ser considerados antes de aplicar dermoabrasão.

A cor da pele

As pessoas que têm pele escura tendem a ter descoloração permanente ou após a cirurgia. Portanto, seria melhor não optar por dermoabrasão se a pele se enquadrar nessa categoria.

A condição da pele

Há pessoas que nascem com peles sensíveis. Isto significa que sua pele pode sofrer imediatamente reações alérgicas a alguns produtos químicos ou tratamentos que a pele não pode suportar.

Desta forma, as pessoas que têm pele sensível não devem recorrer a dermoabrasão.

As pessoas que têm acne que estão em sua fase ativa não são permitidas para dermoabrasão.

Se a pessoa tem acne que está atualmente em sua fase ativa, é melhor não tentar dermoabrasão. Isso ocorre porque existe o perigo de infecção devido à fissuras abertas da pele. Pele rompida ou aberta será facilmente penetrados por bactérias que causam infecção.

Isto também se aplica para as pessoas que têm pele queimada ou aqueles que têm previamente submetidos a peeling químico.

Desconfie de pessoas que realizam dermoabrasão.

Dermoabrasão é realmente um tratamento cirúrgico seguro. No entanto, ele requer experiência e familiaridade sobre o processo, a fim de realizá-lo corretamente.

Assim, a dermoabrasão não deve ser executada por pessoas que ainda não têm algumas das habilidades necessárias para a execução do processo.

Existem peles que têm a tendência a desenvolver quelóides ou crescimento benigno excessivo dos tecidos da pele.

Isto significa simplesmente que para as pessoas que geralmente se desenvolvem uma cicatriz quelóide ou sempre que a sua pele é danificada, as chances são grandes de desenvolver a mesma coisa quando se submetem a dermoabrasão.

No entanto, existem alguns tratamentos que podem remover as cicatrizes e quelóides, ainda seria melhor evitar tais problemas de entrar em outra medicação. Assim, para as pessoas que têm peles que se enquadram nesta categoria, é melhor não tentar dermoabrasão.

O fato é que a dermoabrasão não é apropriada para todos.

Como os outros tratamentos disponíveis na área médica, também devem ser analisados com o máximo cuidado antes de saltar para decisões.

Afinal de contas, é a pele da pessoa que vai ser posta em risco e não apenas o seu dinheiro, por isso, as considerações cuidadosas é extremamente importante.

O SEGREDO PARA Ter uma pele perfeita

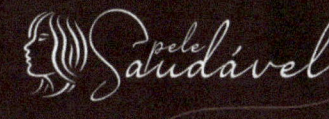

leite Você está considerando um peeling químico? Ou você está considerando qualquer tipo de tratamento facial.

Ainda não sabe qual é a certa para você? Então você veio para o lugar certo! Deixe este guia informativo sobre o que peelings químicos são e como eles funcionam.

Esta informação irá tornar mais fácil para que você possa tomar decisões sobre quais tratamentos faciais seria o melhor para você.

Os peelings químicos utilizam as soluções que irão suavizar e melhorar a textura da pele e aparência. Despir as camadas externas danificadas da pele.

Ao fazer isso, peeling químico pode diminuir e, em alguns casos, até mesmo eliminar manchas, hiperpigmentação (ou descoloração e escurecimento.) E rugas. Eles são ainda conhecidos por reduzir cicatrizes de acne e a ocorrência de acne.

É muito importante que, antes de tudo, você obtenha avaliação correta sobre a condição atual da sua pele. Isso ajudará a compreender melhor as necessidades da sua pele e o tratamento adequado.

Algumas pessoas pensam que a pele descascada é a 'cura- tudo' para os seus problemas de pele. Isso é muito longe da verdade. O peeling químico adequado irá direcionar seus problemas específicos e fornecer a solução adequada.

Existem muitos tipos de peelings químicos, você pode escolher uma de acordo com suas necessidades e circunstâncias.

Os processos químicos disponíveis são divididos em três categorias: Fenol, ácido tricloroacético (TCA), e alphahydroxy ácidos (AHA). Cada uma dessas categorias diferem em uso, potência e conveniência. Seu dermatologista irá ajudá-lo a decidir qual é a certa para você.

O dermatologista irá ajudá-lo a determinar qual o programa é certo para você. Ele pode sugerir uma solução personalizada para você. Antes de realmente concordar com o procedimento, certifique-se de entender o que o dermatologista está prestes a fazer. Se houver algum ponto que você precisa esclarecer melhor, tenha certeza de que o dermatologista irá esclarecer ainda mais.

Alphahydroxy ácidos (AHAs) são o mais suave dos processos químicos. Eles são normalmente feitos de frutas, glicólico, e o ácido láctico.

O SEGREDO PARA Ter uma pele perfeita

Estes processos podem não mostrar efeitos tão dramáticos como os outros; eles são, no entanto, melhor para aqueles que não têm tempo para se recuperar dos outros procedimentos.

Estes processos são aplicados semanalmente ou periodicamente, dependendo do seu dermatologista. Mas eles resultam em pele mais suave, mais fina olhando a pele depois de alguns tratamentos.

Há também soluções de cuidados faciais AHA comercialmente disponíveis que podem ser aplicadas todos os dias. Alguns dermatologistas irão incorporar AHA para o regime de cuidado diário da pele do paciente. Isto pode ser em sabões, creme de limpeza facial, etc.

O ácido tricloroacético (TCA) é um componente intermediário para aqueles que desejam ter os efeitos quase tão drásticos como os do fenol, quem ainda não pode dedicar muito tempo para a cura como no caso daqueles que preferem AHA.

Para conseguir o efeito desejado mais do que um dos componentes pode ser necessário. Este tratamento é ideal para descamação profundidade e média da oele. É também ideal para linhas finas e manchas que não são tão graves.

O fenol é o mais potente dos peelings químicos, eles levam algum tempo para curar. Eles são recomendados em casos que apresentam rugas grossas e manchas graves, pele grossa, etc. Fenol também é um agente de branqueamento forte e isso pode ser um fator a considerar a possibilidade de escolher este tipo de tratamento.

Deve ser lembrado que este é essencialmente um tratamento facial. Aplicação para outras partes do corpo podem resultar na formação de cicatrizes. A vermelhidão e irritação são normais, uma vez que é o estado normal da pele recém-descascadas.

Seu dermatologista irá aconselhá-lo sobre o cuidado e manutenção da pele. Para aqueles que se submeteram a esse tratamento, é geralmente recomendado que eles fiquem longe do sol por vários meses para proteger a pele recém-formada.

O procedimento irá causar ardor, vermelhidão e irritação.

Mas isso é de se esperar de tais procedimentos. Ao todo, peelings químicos são seguros, embora possam causar algum inconveniente. Os riscos de cicatrizes são baixos.

No entanto, o procedimento deve ser realizado por um profissional certificado para garantir a segurança.

O SEGREDO PARA Ter uma pele perfeita

Discutimos isso antes e você pode ter ouvido falar de tratamentos de cuidados da pele como peelings químicos, dermoabrasão, laser, e todas aquelas maravilhas da ciência para a pele que constantemente trás uma aparência mais jovem, mais justo, uma realidade mais confiante para muitas pessoas.

Será que existem outros métodos além desses?

Um método que não incluem bisturis, lipoaspiração, soluções tópicas e outros? Não seria ótimo? Infelizmente, você pode dizer que ainda não aconteceu, talvez algum dia no futuro distante.

Seu corpo tem a capacidade de se auto-regenerar, fornecer nutrientes para vários órgãos como a pele e geralmente dar- lhe um brilho saudável.

O corpo também tem a capacidade de melhorar a forma como a pele. Ele pode fazer a pele mais macia, radiante, saudável e jovem. Cuidar do corpo de dentro para fora tem sido grosseiramente subestimado.

Cuidar da pele, desta forma irá resultar em um brilho mais natural. Este método de cuidados da pele em conjunção com outros tratamentos de pele vai resultar no excelente cuidado da pele.

Se este for o caso, então por que não ele faz a mesma coisa para todos, você pode perguntar. Vários fatores vão prejudicar a capacidade do corpo para fazer - má alimentação, tabagismo, estresse, falta de sono e outros fatores tornam a pele tão velha, escamosa, coisa que muitas pessoas veem na frente do espelho.

Mas espere, ainda há esperança! Com uma nutrição adequada, cuidados e manutenção adequada, você pode ajudar seu corpo a melhorar a saúde e a aparência da sua pele.

Pense nisso. Vamos dizer que você tem uma planta, e se você não a molhar por algum tempo, e negligência para dar-lhe fertilizantes, e plantá-la em solo pobre, as folhas murcham e secam? O mesmo pode ser dito sobre a saúde em geral e da pele em particular.

A coisa emocionante aqui é que ele está se tornando cada vez mais evidente que não é apenas o que você aplicar em sua pele que irá melhorá-la, mas o que você coloca em seu corpo também. Estudos estão mostrando que as vitaminas, minerais, água, exercício e descanso, desempenham um papel importante na melhoria da pele.

O SEGREDO PARA Ter uma pele perfeita

Especialistas dizem que a pele é a referência para a saúde do corpo. A pele saudável também é um indicador de boa saúde, então cuidar bem do seu corpo, não só lhe dará uma pele saudável, mas dar-lhe uma boa saúde em geral.

Para melhorar a saúde da pele, faria bem em tomar nota dos seguintes fatores.

Vitaminas e minerais

Há uma escassez de boa nutrição no mercado, e está ficando cada vez mais difícil de obter as vitaminas e minerais necessários a partir do que se come. Suplementos vitamínicos podem ajudar nesse sentido. Os cientistas estão descobrindo como cada vez mais importante das vitaminas C, E, A, K e complexo B a saúde da pele. Ser capaz de absorver estas vitaminas através de dieta e suplementos, que irá melhorar a saúde da pele.

Água

Desidratação resulta em pele escamosa, grossa. A água ajuda a eliminar as toxinas do corpo. Estas toxinas podem causar uma variedade de doenças da pele e pode muito bem significar a ruína da pele para a maioria das pessoas.

Exercícios

Os benefícios dos exercícios sempre foram subestimados. O exercício pode beneficiar muito o corpo e a pele. O exercício tem o efeito de melhorar a circulação, esta melhoria da circulação beneficia os órgãos do corpo. E uma vez que a pele é o maior órgão, beneficia muito com exercício. Boa circulação ajuda a trazer mais sangue e nutrientes para a pele. Além disso, facilita a remoção de resíduos e toxinas, resultando em uma melhor saúde da pele.

Descansar

Estresse e falta de descanso tem um efeito muito negativo sobre a pele. O corpo precisa descansar para reparar e rejuvenescer as células da pele. Se o corpo não recebe este descanso, a pele geralmente aparece pálida e contribui para uma aparência abatida.

Também as bolsas que formam sob os olhos devido à retenção de água, dá à pessoa uma aparência envelhecida.

A falta de sono também é uma das causas da acne.

O SEGREDO PARA Ter uma pele perfeita

Separe Para aqueles que desejam melhorar a sua aparência, enfrentar tratamentos de pele tem sido sempre o caminho a percorrer para atingir uma imagem melhor e autoconfiança renovada.

Tradicionalmente, este tem sido sempre realizado através de procedimentos, tais como peelings químicos. Existem outros procedimentos que devido à diligência de cientistas que têm derramado tempo e esforço para melhorar o conhecimento sobre a pele e seu tratamento.

A tecnologia moderna de hoje possibilita muitos novos avanços no cuidado da pele e tratamento da pele. Cuidados com a pele nos dias de hoje não é mais limitado a tratamentos faciais e procedimentos cirúrgicos.

Aqui estão alguns dos mais recentes e não tão mais recentes avanços na ciência da pele.

Obagi Nu-Derm

Obagi é um novo sistema que rejuvenesce a saúde das células da pele. Ela ajuda a manter um brilho saudável e a aparência da pele macia, suave, radiante e mais jovens.

O tratamento é fácil e pode ser feito em casa. Ele transforma peles secas, danificadas em pele naturalmente fresca em menos de seis semanas - que é aproximadamente o mesmo tempo que leva para nova pele surgir.

Este tratamento é geralmente realizado em conjunto com o tratamento Obagi Blue Peel.

O Obagi Blue Peel é um peeling químico suave que permite a remoção de camadas danificadas da pele. Depois de uma semana, esta área será substituída por uma nova camada de pele que será mais suave e terá poros menores.

Theraderm

Este tratamento utiliza uma camada de ácido láctico para melhorar a aparência da pele.

Ele é usado para tratar a descoloração e danos devido aos raios nocivos do sol. Theraderm é atraente devido ao fato de que ele é recomendado para a pele de todos os tipos e idade.

Em menos de seis semanas, este tratamento pode resultar em pele lisa com um tom mais uniforme.

Peelings químicos

Os peelings químicos utilizam as soluções que irão suavizar e melhorar a textura da pele e aparência. Fá-lo por despir as camadas externas danificadas da pele.

Ao fazer isso, o peeling químico pode diminuir e, em alguns casos, até mesmo eliminar manchas, hiperpigmentação (ou descoloração e escurecimento.) E rugas. Eles são ainda conhecidos para reduzir cicatrizes de acne e a ocorrência de acne.

Existem muitos tipos de peelings químicos; você pode escolher um de acordo com suas necessidades e circunstâncias.

Os peelings químicos disponíveis são divididos em três categorias: Fenol, ácido tricloroacético (TCA), e alphahydroxy ácidos (AHA). Cada uma dessas categorias difere em uso, potência e inconveniência. Seu dermatologista irá ajudá-lo a decidir qual é a certa para você.

BOTOX

Botox é o tratamento cosmético de escolha para a maioria dos indivíduos conscientes de beleza hoje. Devido à sua popularidade incessante, cirurgia plástica e outros 'sangrentos' tratamentos disponíveis estão constantemente sendo empurrado por Botox.

Restylane

Restylane suaviza as rugas e ajuda a moldar e esculpir lábios e características faciais. O tratamento envolve a utilização de um gel transparente de ácido hialurônico. Esta substância é hipoalergênico e permanece na pele por meses.

Collagen

injeções de colágeno preenchem o tecido da pele, fazendo-a parecer mais saudável e mais firme. Isso geralmente é realizado em casos onde há flacidez e perda de firmeza na pele. Os resultados irão durar alguns meses. Este tratamento é geralmente recomendado para os lábios e outras áreas do rosto que são desejados para ficarem mais cheios, mais suaves e mais firmes.

Procedimentos de luz

O Laser CO2 tem como alvo as linhas finas, cicatrizes e rugas e faz a correção dramática sobre estas áreas que não são possíveis com peelings químicos. Com poderosas rajadas de luz laser, o tratamento alcança este resultado com menos vermelhidão e irritação do que outros peelings.

O SEGREDO PARA Ter uma pele perfeita

A tecnologia está constantemente criando métodos para produzir tratamentos de cuidados da pele que são constantemente mais seguros, mais eficazes.

Os tratamentos acima mencionados são as melhores ofertas da tecnologia de hoje e dá a muitas pessoas a oportunidade de melhorar a sua imagem de forma segura e eficaz hoje.

Meu segredo ultra eficaz:

Creme dental com bicarbonato de sódio

Misture um pouco de creme dental com um pouco de bicarbonato de sódio, até ficar homogêneo, uma pasta.

Molhe o rosto e aplique rapidamente com movimentos circulares por todo o rosto, faça isso rapidamente pois arde um pouco o rosto, por causa da menta do creme dental, evitando a área dos olhos. Enxágue com bastante água até retirar tudo.

Essa mistura é impressionante, esfolia a pele, retirando todas as células mortas, promovendo o rejuvenescimento da pele.

Faça isso uma vez por semana apenas.

www.ingramcontent.com/pod-product-compliance
Lightning Source LLC
Chambersburg PA
CBHW080857090426
42735CB00015B/3176